Dieses Adressbuch gehört:

EDITION ADRESSARIUM

A

A

A

A

A

B

B

B

B

B

C

D

D

D

D

D

F

F

F

G

G

H

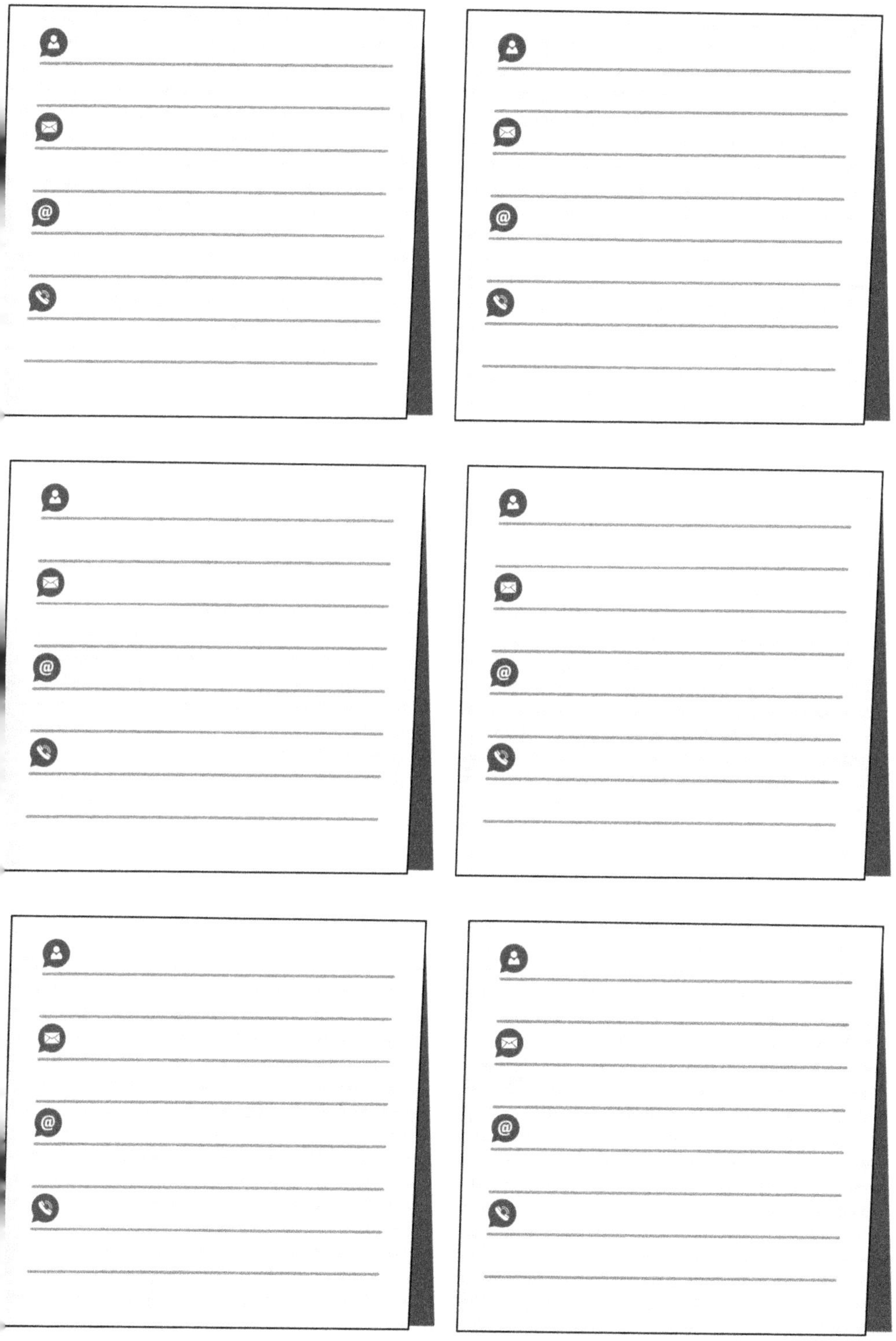

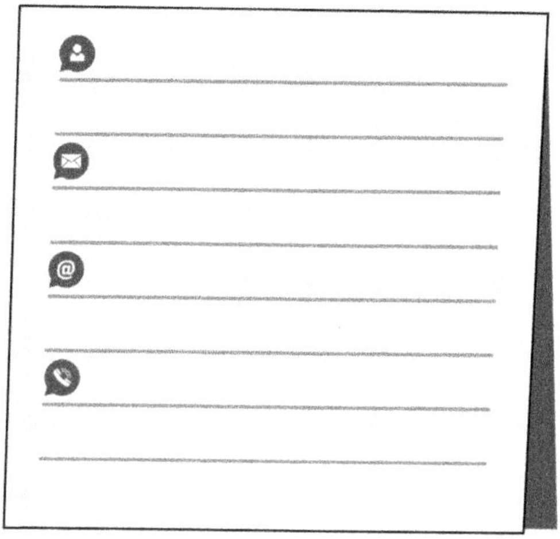

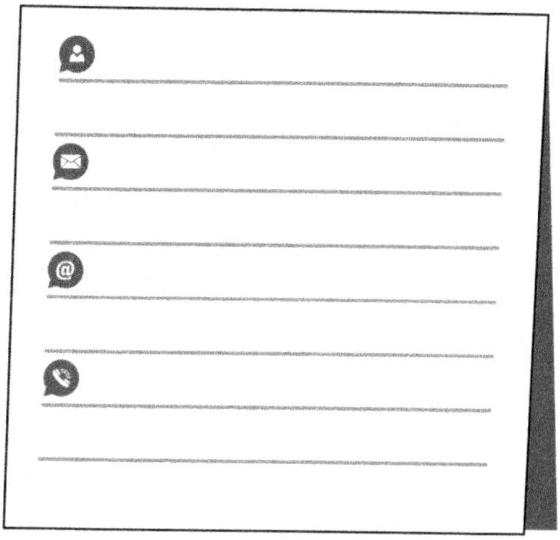

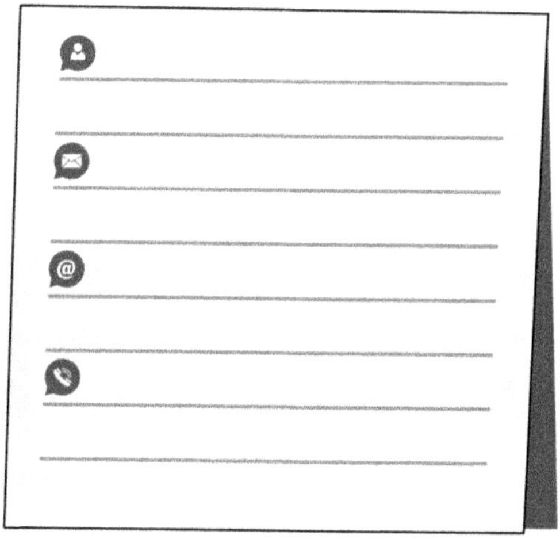

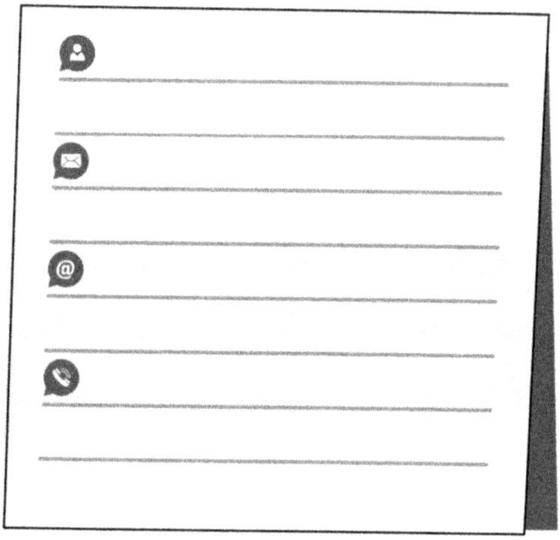

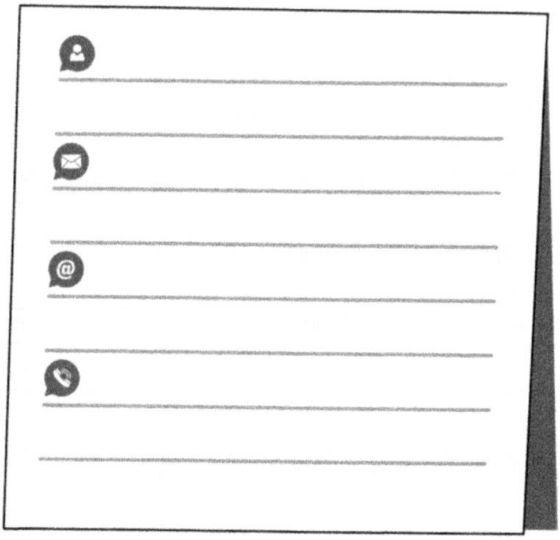

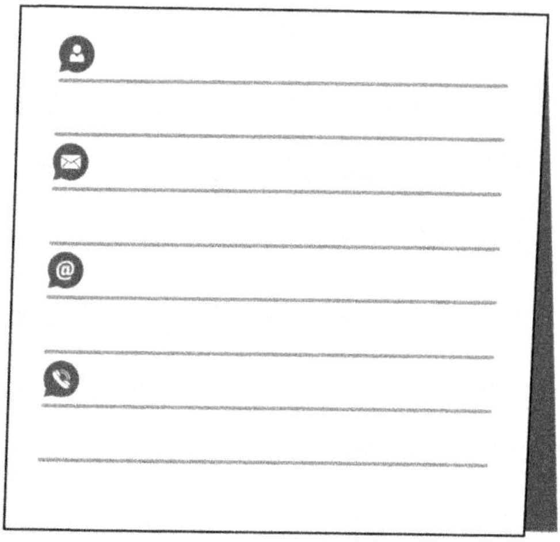

J

J

K

L

M

M

M

N

P

P

P

P

R

R

S

S

S

U

U

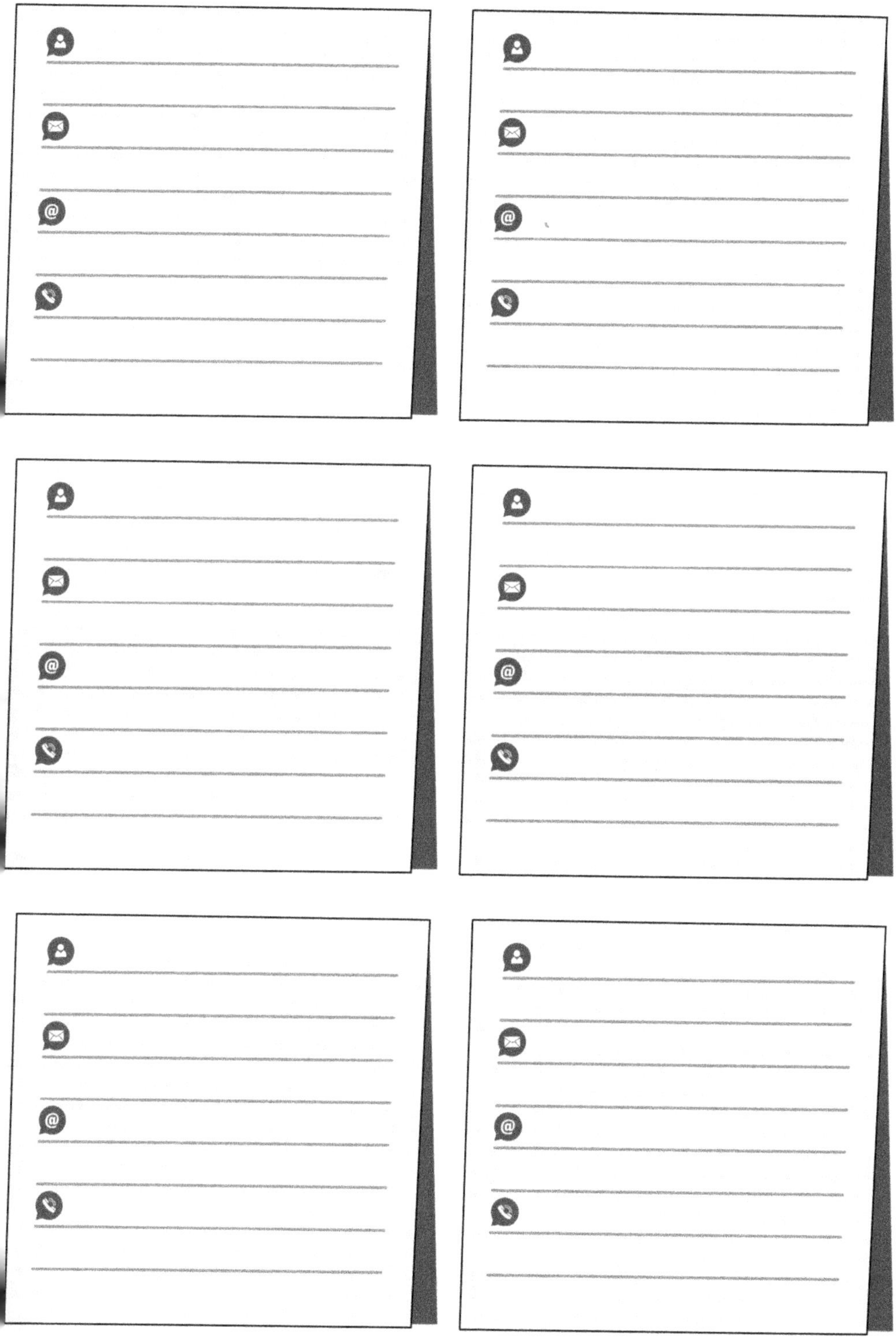

V

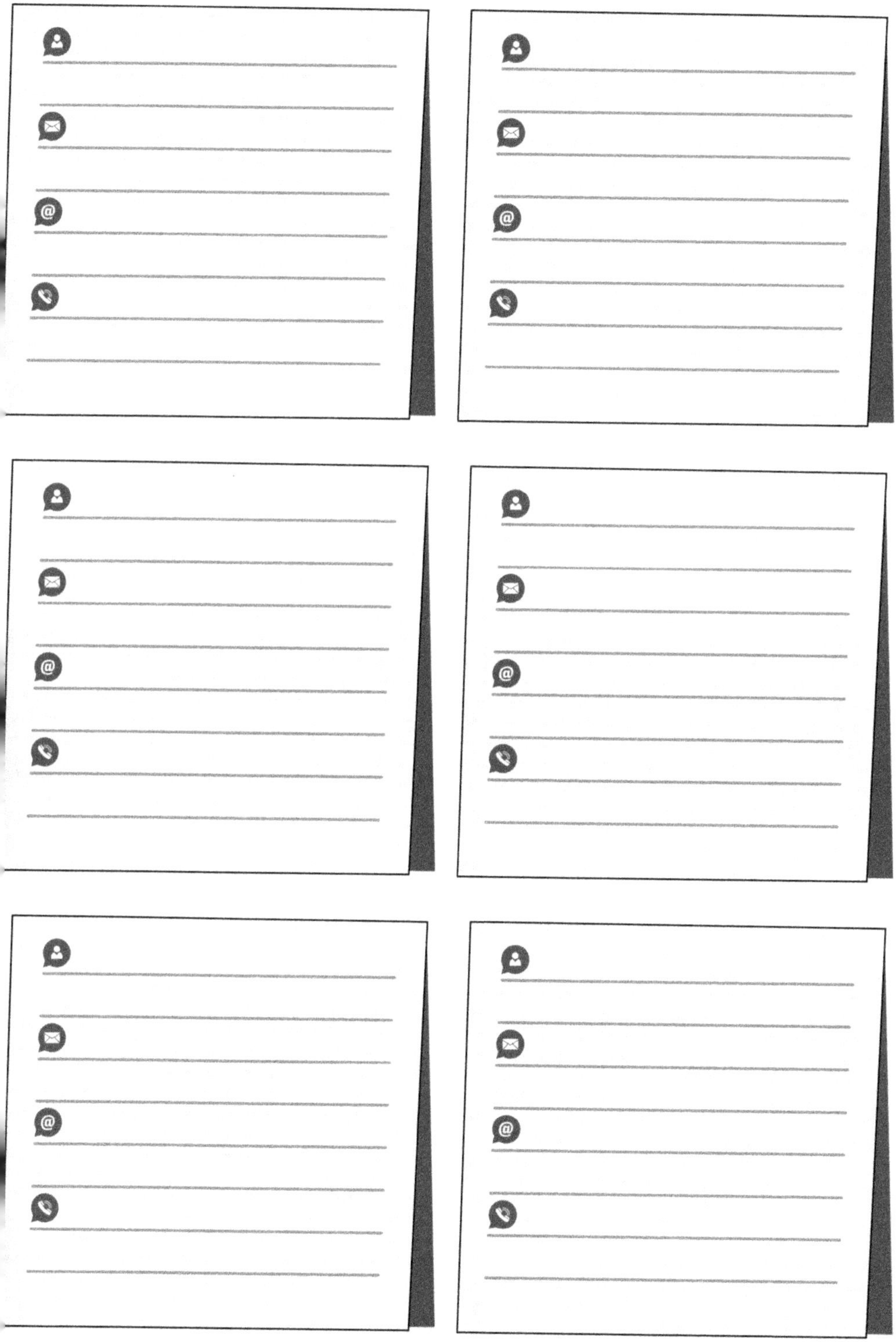

V

Y

Y

Y

Z

Z

Z

Z

z

Impressum:

Philipp Hesse
c/o Werneburg Internet Marketing und Publikations-Service
Philipp-Kühner-Straße 2
99817 Eisenach

Copyright: Philipp Hesse

www.ingramcontent.com/pod-product-compliance
Lightning Source LLC
Chambersburg PA
CBHW070650220526
45466CB00001B/372